ATALIQ

T04AZE1k

Derek Prince Ministries
P.O. Box 19501
Charlotte, NC 28219
USA
www.derekprince.com

ATA ÜRƏYİ
Derek Prins

Bakı 2017

ISBN: 978-1-78263-406-5

MÜNDƏRİCAT

GİRİŞ SÖZÜ

Müqəddəs Kitaba uyğun vəhylərin ən böyük mövzularından biri atalıq mövzusudur. Qəribə olsa da, məsihçilərin bəziləri bu mövzuya etinasız yanaşırlar.

Şəxsən mən atalıq mövzusu ilə yalnız Müqəddəs Kitabda deyil, həmçinin öz təcrübəmdə də üzləşmişəm. Birinci arvadım Lidiya ilə yeddi övlad böyüdürdük. Sonra ikinci arvadım Rut daha üç uşağı dünyaya gətirdi. Beləliklə, mən düz on övladın atası oldum. Onların çoxu böyüyüb və indi öz ailələri var.

Lakin mən bu kitabı insan atalığı ilə başlamaq istəmirəm. İlk növbədə mən Allahın atalıq xüsusiyyəti haqqında bölüşmək istəyirəm, bu da, kainatdan da böyük olan bir həqiqətdir.

1

ALLAHIN ATA XÜSUSİYYƏTİ

Bir Ata var, o da bizim Allahımızdır. Bu, bütün faktların arxasında dayanan bir faktdır. Allah kainatı Ata kimi yaratdı və Öz atalıq xüsusiyyətinin bütün kainatın hər bir aspektində iz qoydu.

Efeslilərə 3:14-15-də Paul öz gözəl dualarından birini yazır:

"Buna görə göylərdə və yer üzündə hər ailəyə ad verən Atanın qarşısında diz çökürəm".

Burada «ailə» kimi tərcümə olunan söz Yunan dilində "patria"dır. Həmin söz bilavasitə Yunan dilində "ata" sözündən gəlir. Buna görə də ən hərfi, düzgün tərcümə «atalıq» olardı. J. B. Fillips bu ayəni belə tərcümə edir: "Bu möhtəşəm planın böyüklüyü barədə fikirləşəndə mən Ata qarşısında diz çökürəm (yer üzündə və göydə olan "ata" adı Ondan gəlir)".

Bu, çox böyük faktdır! Kainatda olan bütün atalıq Allahın atalığından gəlir. Atalıq yerdə deyil, səmalarda başladı. Atalıq Allah kimi əbədidir. O, mövcudluğunu bəşəriyyət tarixinin bir vaxtında başlamadı. O, əbədiyyətdə başladı.

Allah əbədiyyətdən Rəbbimiz İsa Məsihin Atasıdır. Müqəddəs Kitabın bir çox hissəsi Allahı belə təsvir edir. Yəhya Müjdəsində deyir: «Başlanğıcda Kəlam var idi. Kəlam Allahla birlikdə idi». Bu, yaradılışdan xeyli əvvəl idi. İlahi Kəlam, Allahın əbədi Oğlu Ata ilə birlikdə idi. Müqəddəs Kitab deyir: «O, Atanın qucağında idi" (Yəhya 1:18). Allah ilə Oğul arasında yaxın, şəxsi münasibət yaradılışdan əvvəl mövcud idi. Bu, məsihçi vəhyini tamamilə fərqləndirən xüsusiyyətidir. Bu, məsihçiliyi dünyada rast gəldiyim istənilən dindən fərqli edir. Bu vəhy Allahın təbiəti haqqında unikal və xüsusi cəhətləri aşkar edir. Əbədi olaraq, atalıq Allahın xüsusiyyətidir. Allahın Öz Oğul ilə münasibəti var.

İsanın yer üzünə gəlməkdə məqsədi Allaha tərəf dönən adamları Atanın yanına gətirmək idi. Bu, bir neçə ayədə qeyd olunur. 1 Peter 3:18 deyir:

"Saleh olan Məsih də saleh olmayanlar uğrunda, onların günahları üçün bir dəfə əzab çəkdi ki, sizi Allahın hüzuruna gətirsin. O cismən edam edilmiş, amma ruhən həyata qovuşmuşdur".

İsa niyə öldü? Bizi Allaha gətirmək üçün. İsa yol

idi. O, Özü barədə qətiyyətlə demişdi:

"Yol, həqiqət və həyat Mənəm. Mənim vasitəm olmadan heç kim Atanın yanına gələ bilməz"

(Yəhya 14:6).

İsa Ataya gətirib çıxaran yoldur. Məncə, öz məsih-çi inamımızda biz Allahın məqsədindən çox yayını-rıq. Biz Rəbb İsa Məsihin Xilaskarımız, Vəsatətçimiz, Vasitəçimiz və s. olması haqqında çox danışırıq. Bun-ların hamısı çox gözəldir, ancaq bu, Allahın məqsə-di deyil. Allahın məqsədi bizim Oğula gəlməyimiz deyil. Allahın məqsədi Oğul vasitəsi ilə bizim Ataya gəlməyimizdir.

İsa Yəhya 17-ci fəsildəki duasını «Ata» sözü ilə baş-layır və «Ata» sözü bu duada altı dəfə istifadə olunur. İsa deyir:

"Dünyadan Mənə verdiyin adamlara Sənin adını aşkar etdim"

(Yəhya 17:6).

Daha sonra O deyir:

«Ey Müqəddəs Ata, onları Mənə verdiyin adınla qoru"

(Yəhya 17:11).

Duasının sonunda da O deyir:

"Sənin adını onlara bildirdim və yenə bildirəcəyəm ki, Sənin Mənə bəslədiyin məhəbbət onlarda olsun,

Mən də onlarda olum"

(Yəhya 17:26).

İsa Öz şagirdlərinə hansı adı bildirmək üçün gəldi? Bu, müqəddəs "Yehova" adı deyildi. Yəhudi xalqı bu adı on beş əsr ərzində bilirdi. İsanın şagirdlərinə bildirmək istədiyi yeni və xüsusi vəhy, böyük məqsəd, xüsusi ad nə idi? Bu ad «Ata»dır. Bu, Allahın son adıdır. Bu, insan dilində mövcud olan istənilən sözdən daha mükəmməl Allahın əbədi xasiyyətinin təbiətini təsvir edir.

Buna görə də, Əhdi-Cədiddə Allahın son vəhyi Allahın Ata olması haqqında vəhydır. Əhdi-Cədidin son məqsədi, İsanın gəldiyinin səbəbi bizi Allaha gətirməkdir. Əgər biz Allahın bu vəhyini dərk etməsək, satınalınmanın məqsədini tam dərk etməyəcəyik.

Biz Allahın bu vəhyini tam anlayanda və Allah ilə Ata kimi birbaşa münasibətdə olanda müəyyən xüsusiyyətlər əldə edirik, bu da müasir dünyadakı adamların əksəriyyətində çatışmayan emosional təcrübədir. Bu vəhydən və bu münasibətdən gələn üç şey bunlardır: özünü tanımaq, özünə qiymət vermək və arxayınlıq.

ÖZÜNÜ TANIMAQ

Özünü tanımaq müasir adam üçün əsl problemdir. Bu ehtiyac barədə "Köklər" adlı kitabda və televiziya seriallarında maraqlı şərh verilmişdi. Hekayənin qəhrəmanı öz köklərini axtaran adam idi. Bütün bəşəriyyət eyni axtarışdadır. Kişi və qadınlar haradan gəldiklərini, əcdadlarını, arxalarında dayananları və özlərinin kim olduğunu bilmək istəyirlər. Müqəddəs Kitab və psixologiya razılaşırlar ki, insan öz atasının kim olduğunu bilənə qədər «mən kiməm?» sualına cavab tapa bilmir.

Bu gün valideynlərlə övladlar arasında münasibətlər o qədər pozulmuşdur ki, nəticədə böhran yaranmışdır. Məsihçilik kişi və qadınları İsa Məsih vasitəsilə Ata Allah ilə birbaş şəxsi münasibətə gətirməklə bu böhrandan çıxış yolunu təklif edir. Allahı həqiqətən Ata kimi tanıyan adamların belə problemləri olmur. Onlar kim olduqlarını bilirlər: onlar Allahın övladlarıdırlar. Onların Atası kainatı yaratdı, onların Atası onları sevir və onların Atası onların qeydinə qalır.

ÖZÜNƏ QIYMƏT VERMƏK

Allahın Ata olması barədə bu vəhy bizi ikinci vəhyə gətirir: hər bir insanın özünə qiymət vermək ehtiyacı var. Xidmət etdiyim illər ərzində çox adamlara kömək etmişəm, onların da ən böyük problemi özlərinə kifayət qədər dəyər verməmələri olub. Onlar özlərinə az dəyər verirdilər və nəticədə, ruhani və emosional əzablar çəkirdilər. 1 Yəhya 3:1 yazır:

"Görün Ata bizə necə məhəbbət göstərib ki, biz Allahın övladları adlanırıq!"

Allahın övladları olduğumuzu, Allahın bizi dərin
və şəxsən sevdiyini, bizimlə maraqlandığını, həmişə
bizim üçün vaxtı olduğunu, bizimlə bilavasitə və şəx-
si münasibəti arzuladığını bir dəfə yaxşı-yaxşı başa
düşsək, özümüzə düzgün qiymət verəcəyik. Mən
adamların həyatında bunun dəfələrlə baş verdiyini
görmüşəm.

Bir dəfə mən toplantıda idim və qəfil bir xanım ilə
toqquşdum. Biz tələsərək əks istiqamətdə gedirdik.
O, özünü ələ alıb dedi: «Cənab Prins, mən dua edir-
dim: əgər Allah sizin mənimlə danışmağınızı istəyir-
sə, bizi görüşdürsün».

Mən dedim: «Bəli, biz görüşdük. Ancaq mən sizə
yalnız iki dəqiqə verə bilərəm. Mən çox məşğulam».
O, mənə öz problemi barədə uzun-uzun danışmağa
başladı, amma mən onun sözünü kəsib dedim: "Mən
təəssüf edirəm, ancaq sizin yalnız bir dəqiqəniz qalıb.
Ancaq məncə, sizin probleminizin nədən ibarət ol-
duğunu bilirəm. Mənimlə bu duanın sözlərini təkrar
edərsinizmi?» Mən onunla dua etdim və bu duada o
yalnız təşəkkür etdi. Allahın onun Atası olduğuna;
onun da Allahın övladı olduğuna; Allahın onu sev-
diyinə; Allahın onun qeydinə qaldığına; onun xüsusi
insan olduğuna və kainatda ən yaxşı ailəyə mənsub
olduğuna görə təşəkkür edirdi. Mən ona: «Xudahafiz.
Mən getməliyəm» dedim və çıxıb getdim.

Təxminən bir aydan sonra həmin xanımdan mək-
tub aldım. O deyirdi: «Sizə deməliyəm ki, o dua mə-

nim həyata olan münasibətimi tamamilə dəyişdi. İlk dəfə mən özümü dəyərli hiss etdim».

ARXAYINLIQ

Allahın Ata olması vəhyi bizə üçüncü böyük təminatı verir: arxayınlıq. Kainatın arxasında sadəcə bir elmi qüvvə və ya bir «böyük partlayış» deyil, bizi sevən Ata dayanır.

Mənim dostum bir dəfə gecə şəhərin boş, küləkli küçələrində özünü tənha və qəmgin hiss etdi. Buna necə dözəcəyini bilmirdi. Bir küncdə dayanıb dəfələrlə sadəcə «Ata... Ata... Ata... Ata..." deməyə başladı. Bunu deyərkən ona arxayınlıq hissi gəldi. O başa düşdü ki, ətrafda soyuq və külək olsa da, kainatı yaradan Allahın övladıdır. Bu kainatı Allah Öz övladları üçün yaratmışdı.

2

İNSANİ ATALIQ

Allahın əbədi xasiyyəti və təbiəti Ata xasiyyəti və təbiəti olduğuna görə hər bir ata müəyyən mənada Allahı təmsil edir. Biz deyə bilərik ki, insan ən yaxşı ata olmaq istəyirsə, Allaha bənzəməlidir. Bu, insanın ən yüksək nailiyyətidir.

Yadımdadır, bir müddət konfransdan konfransa, görüşdən görüşə fasiləsiz olaraq səyahət edərək böyük kütlələrə vəz edirdim və adamlardan yaxşı cavablar alırdım. Sonra isə mən bir nəfərin sözlərini eşitdim: «Evdən uzaqda, əlində çantası olan müəllim». Bu söz ox kimi ürəyimi sancdı. Öz-özümə fikirləşdim: «Bu, mənə aiddir. Evdən uzaqdayam, əlimdə çantam. Hər kəs məni müəllim hesab edir. Amma əslində evdə nə baş verdiyindən xəbərsizəm".

Allah mənə çağırış atdı və mən tamamilə yeni yolu fəth etməyə başladım. Yaxşı ər və ata olmaq mənim ən birinci və ən əhəmiyyətli öhdəliyim oldu. Başqa

sahələrdə irəliləməyə başlamazdan əvvəl əvvəlcə
bunu öyrənməli idim. Başqa sahələrdə uğurlu olsam
da, atalıq öhdəliyimi yerinə yetirməsəm Allahın gö-
zündə uğurum yoxdur.

Güman edirəm, bu gün bəzi kişilər xeyli nailiyyət-
ləri uğurla əldə edirlər: idmanda, vəzifədə böyümək-
də, kitab yazmaqda, səhnə sənətində, hətta məsihçi
xidmətində. Öz evində isə uğuru yoxdur. Mən sizə
deyirəm: evinizdə ata kimi fərsizsinizsə, onda ümu-
miyyətlə fərsiz adamsınız. Başqa uğurlarınız bu eybi-
nizi örtə bilməz.

1 Korinflilərə 11:3-də Paul Allah və ev barədə ya-
zır:

*"Bunu da bilmənizi istəyirəm ki, hər kişinin başı
Məsih, arvadın başı ər, Məsihin başı isə Allahdır".*

Beləliklə, Məsih ərin başçısıdır, ər isə, öz növbəsin-
də, arvadının və öz ailəsinin başçısıdır. Müəyyən mə-
nada kişi (ər və ata) öz ailəsində Məsihi təmsil edir.
Məsih ona necə münasibət göstərirsə, o da öz ailəsinə
eyni münasibəti göstərməlidir.

Məsih Allahı insanlara təmsil etdiyi kimi, kişi də
Məsihi ailəsinə təmsil etmək məsuliyyətini daşıyır.
Bu, atanın öhdəliyidir.

Hər bir kişi öz ailəsi qarşısında Rəbb İsa Məsihin
üç əsas xidmətini yerinə yetirməlidir: kahin xidmə-
ti, peyğəmbər xidməti və padşah xidməti. İcazə verin
bunları qısaca izah edim.

Kahin kimi, ata Allah qarşısında öz ailəsini təmsil edir.

Peyğəmbər kimi, öz ailəsinə Allahı təmsil edir.

Padşah kimi, Allahın mənafeyinə ailəsinə başçılıq edir.

3

ATA BİR KAHİN KİMİ

Ata öz evinin kahinidir, vəsatətçilik və dua ilə ailəsini Allah qarşısında təmsil edir. Peyğəmbər və padşah xidmətində atanın müvəffəqiyyəti onun kahin və vəsatətçi bacarığından çox asılıdır. Əgər o, vəsatətçi kimi bacarıqlıdırsa, çox ehtimal ki, peyğəmbər və padşah kimi də bacarıqlı olacaq. Lakin öz ailəsi üçün vəsatətçilik etməyi başa düşmürsə, o, öz ailəsində nə peyğəmbər, nə də padşah ola biləcək.

Müqəddəs Kitabda öz ailəsi üçün vəsatətçilik edən ataların bir çox gözəl nümunələri var. Əyyub Kitabının əvvəlində oxuyuruq ki, Əyyub Allah qarşısında düzgün və mükəmməl adam idi. Onun yeddi oğlu və üç qızı var idi. (Oğlanları növbə ilə evlərində ziyafət qurar və üç bacılarını da çağırardılar ki, birgə yeyib-içsinlər. \ v 5 Ziyafət müddəti bitəndən sonra Əyyub övladlarını çağırtdırıb təqdis edər və erkən qalxıb bütün övladlarının sayına görə yandırma qurbanı təqdim edərdi. Əyyub «bəlkə övladlarım günaha ba-

taraq ürəklərində Allaha lənət ediblər» deyə düşün-
düyündən həmişə belə edərdi.) Onun ailəsi həftənin
müəyyən bir günündə oğullarının birinin evində zi-
yafət və ünsiyyət etmək üçün yığışırdı. "bəlkə övlad-
larım günaha bataraq ürəklərində Allaha lənət edib-
lər" deyə ürəyində fikirləşərək hər həftənin sonunda
Əyyub erkən qalxar, oğullarının hamısının adından
qurbanlar təqdim edərdi. Beləliklə, Əyyub öz övlad-
larının adından qurbanlar təqdim edərdi.

Əhdi-Ətiq dövründə yaşayan Əyyubun bu qur-
banları təqdim etməsi İsa Məsihin yeni əhdi dövrün-
də yaşayan ataların öz övladları üçün vəsatətçi dua
xidmətinə müvafiqdir. Hər bir ata öz övladları üçün
vəsatətçi olmağa çağırılır.

Sonra biz İsrail xalqının tarixinə nəzər salırıq və
onları Misirdə köləlikdə, qaranlıqda və sıxıntıda gö-
rürük. Pasxa quzusunun qurbanı vasitəsilə Allah on-
ların xilasını təmin etdi. Bu Pasxa qurbanı İsrail ilə
Misir arasında fərqi yaratdı, hər İsrail ailəsinə xilas
gətirdi. Ölüm mələyi Misirdəki hər evə gəlib ilk öv-
ladı öldürdü. Ancaq Pasxa quzusunun qanına görə,
ölüm mələyinə İsrail evlərinə ziyan vurmaq icazə ve-
rilmədi. Bu qan necə tətbiq olundu? Kim onu tətbiq
etdi? Çıxış 12:3:

*"Bütün İsrail icmasına söyləyin: qoy bu ayın onuncu
gönündə hər kəs öz ailəsi üçün bir quzu, hər ev üçün
bir quzu götürsün".*

Quzunu seçmək üçün kim məsuliyyət daşıyırdı? Hər ailənin atası. Quzunu kim qurban gətirməli idi? Ata. Quzunun qanını qapı çərçivəsinə kim sürtməli idi? Ata. Başqa sözlə desək, Allah ataya öz ailəsi üçün kahin xidmətini verib. Allahın verdiyi xilası evinə gətirmək atanın məsuliyyəti idi. Heç kim atanı bu işdə əvəz edə bilməzdi. Ata öz kahin vəzifəsini yerinə yetirərək qanı sürtdüsə, onun ailəsi xilas olacaq. Əgər o sürtməzdisə, onun yerini tutaraq başqa birisi ailəsi üçün müdafiəni təmin edə bilməzdi.

Bu həqiqət bu gün də tətbiq olunduğu üçün Allah onu bizə açıqladı. Ruhani dünyada yalnız atanın öz evi üçün edə biləcəyi şeylər var ki, ata onu heç kəsə tapşıra bilməz. Ata öz evinə kahin kimi xidmət edə bilər və Allah bunu qəbul edir; lakin başqa kimsə bu xidməti yerinə yetirəndə Allah bunu qəbul etməli deyil. Allah bunu yalnız atadan qəbul edir. Öz evini ilahi müdafiə ilə təmin etmək atanın məsuliyyətidir.

Əhdi-Cədiddə İsanın xidmətində diqqətəlayiq bir faktı sizə göstərmək istəyərdim. Bu, şəxsi təcrübəmdən öyrəndiyim bir faktdır. Adamlar yanıma gəlib uşaq üçün dua etməyi məndən xahiş edəndə mən onlara belə suallar verməyi öyrənmişdim: «Siz bu uşağın valideynsiz?» Bəzən cavab verirdilər: «Xeyr. Biz qonşuyuq; valideynlər gəlmək istəmədi». Allah mənə çox dəqiq göstərdi ki, belə uşaq üçün dua Müqəddəs Kitaba əsaslanmır. İsanın xidmətini tədqiq etsəniz, aşkar edəcəksiniz ki, O, heç vaxt tək uşağa xidmət göstərmirdi; bunu yalnız bir və ya hər iki valideynin imanı əsasında edirdi. İsa, övladı üçün iman edən valideyni həmişə tələb edirdi.

Bu, Mark 9-da qeydə alınan şər ruha tutulmuş oğlanının hekayəsində çox aydın görünür. İsanın görünüşü dəyişdiyi dağdan enib gələndən sonra şagirdlərinin oğlandan şər ruhu çıxara bilmədiyini gördü. İsa oğlanın atası ilə danışmağa başladı və oğlunun neçə müddət əziyyət çəkdiyini atadan soruşdu. Ata cavab verdi: «Körpəlikdən bəri». Sonra o davam etdi: "Bu ruh onu həlak etmək üçün dəfələrlə oda və suya atıb. Amma bacarırsansa, bizə kömək et, bizə rəhmin gəlsin!» İsa ona dedi: «"Bacarırsansa" nə sözdür? İman edən üçün hər şey mümkündür!»" (Mark 9:22-23).

Bir mənə gün bu həqiqət açıldı: İsa bu atanı oğlu üçün iman etməyə məsul etdi. Bu vəziyyətdə olan oğul özü üçün çox da inam edə bilmirdi, ancaq hər halda, İsa oğuldan inam tələb etmədi. O, oğlu üçün iman etməyi atadan tələb etdi. Hesab edirəm ki, övladları üçün imanla vəsatətçilik duasını etmək və İsa Məsih vasitəsilə onları Allaha gətirmək valideynlərin məsuliyyətidir. Siz özünüz Müqəddəs Kitabda axtara bilərsiniz və uşağın adından iman edən, ən azı, bir valideyn olmadan uşağa xidmət edən İsanı heç vaxt tapmayacaqsınız. İsa Allahın bu əsas prinsipinə zidd getməzdi.

Nəhayət, Filipidə zindanın baş mühafizəçisinin hekayəsi Həvarilərin İşləri 16:31-də qeyd olunur.

Paul və Sila həbs edilmişdilər, Allah isə zəlzələ ilə müdaxilə etdi, həbsxana qapıları açıldı və məhbusların zəncirləri töküldü. Zindanın baş mühafizəçisi içəri qaçdı və o dedi: « Ağalar, xilas olmaq üçün nə etməliyəm?» Ayə 31 deyir:

"...Rəbb İsaya iman et, sən də, ev əhlin də xilas olarsınız".

Fikir verin ki, zindanın baş mühafizəçisi bir ata kimi, öz ev əhlinin xilası üçün Allahın ona verdiyi şərəf ilə inam etdi. Əfsuslar olsun ki, çox vaxt bu ayələrə istinad edərkən biz bu axırıncı «ev əhlin də» sözlərinə fikir vermirik.

4

ATA BİR PEYĞƏMBƏR KİMİ

A tanın ikinci əsas məsuliyyəti ailəsi üçün peyğəmbər olmaq; öz ailəsinə Allahı təmsil etməkdir.

Birincisi, biz görməliyik ki, ata öz ailəsinə Allahı təmsil edir. O, bunu etmək niyyətində ola bilər, o, bunu yaxşı edə bilər və ya o, bunu pis edə bilər, ancaq o, bunu mütləq edir. Psixiatrlar, sosioloqlar və məsihçi xidmətində olanların demək olar ki, hamısı razılaşır ki, uşaq Allah haqqında ilk təəssüratını normal olaraq atasından alır. Məncə, Allah Özü bunu belə nəzərdə tutmuşdur. Allahın insana verdiyi ən böyük öhdəliklərdən biri Özünü başqalarına təmsil etməkdir.

İnsanın Allaha göstərdiyi ilk münasibət onun atasından çox asılıdır. Atası mehriban, fədakar, həmdərd və ünsiyyətli olubsa, o şəxsə Allahı belə təsəvvür etmək və Ona yaxınlaşmaq asan olur. Lakin atası sərt, tənqidçi, həddən artıq tələbkar olubsa, o şəxs Allahı tələbkar, qanunçu, qəddar təsəvvür etməyə meyilli olacaq. Bəzən elə olur ki, övladın atası qəddar və əxlaqsız olur. Çox vaxt belə övlad instiktiv olaraq atasının xüsusiyyətlərini Allaha da aid edir. Buna görə də, o, Allaha mənfi münasibət bəsləyir və buna onun atasının davranışından başqa bir səbəb yoxdur.

Ata öz ailəsinə Allahı necə təmsil edə bilər? Şər üçün deyil, xeyir üçün necə peyğəmbər ola bilər? Paul atalara yazır:

"Ey atalar, siz də övladlarınızı qəzəbləndirməyin,
ancaq onları Rəbbin tərbiyə və öyüdü ilə böyüdün"

(Efeslilərə 6:4).

Sonra Kolosselilərə 3:21: "Ey atalar, övladlarınızı incitməyin, yoxsa cəsarətləri qırılar".

Əhdi-Ətiq kimi, Əhdi-Cədid də övladların ruhani təhsili və təliminin məsuliyyətini düzgün və ədalətlə atanın çiyinlərinə qoyur. Aydındır ki, analar da övladları üzərində böyük təsirə malikdir və onların ruhani inkişaflarına öz töhfəsini çox verə bilər, ancaq ilk növbədə övladlarına ruhani təlimatı verməyə görə məsuliyyət daşıyan atadır. Əgər ata bunu etmirsə, bu məsuliyyəti onun kimi yerinə yetirə biləcək başqa bir kəs yoxdur.

Ataların əksəriyyəti övladlarının təlimatına görə məsuliyyət daşıdıqlarından xəbərləri varsa, çox vaxt onları Müqəddəs Kitab dərnəyinə, imanlılar cəmiyyətinə, pastora və ya gənclərin liderinə istiqamətləndirirlər. Çox vaxt belə valideynin övladı əgər dünyaya gedirsə, atası imanlılar cəmiyyətini və ya gənclərin liderini ittiham edəcək. Ata Rəbbin intizamında və təlimatında öz övladlarını tərbiyə etmək məsuliyyətindən heç vaxt özünü azad edə bilməz. Bu, onun başqasına ötürülməyən müqəddəs öhdəliklərindən biridir.

Paul göstərir ki, bunu edərkən ata iki əks təhlükəyə qarşı tədbir görməlidir. Birinci təhlükə övladda üsyançılıqdır. Ata sabit intizamla üsyana qarşı belə tədbir görə bilər: övladlarına öz bildiklərini etməyə və ya məsuliyyətsiz olmağa imkan verməyərək, söz qaytarmağa onlara icazə verməyərək, onlara deyilən sözü cəld, sakitcə, itaətkarlıqla yerinə yetirməyi onlardan gözləyə bilər. Belə tərbiyə almış övladlara təlimatı vermək daha asandır.

Lakin ata düşkünlük olan digər təhlükəyə qarşı da tədbir görməlidir. Əgər ata həddindən çox ciddi, tənqidçi və tələb edəndirsə, nəticədə övlad məyus olub bu münasibəti qəbul edəcək: «Xeyri yoxdur. Nə etsəm, atam heç vaxt razı olmayacaq. Onda heç cəhd etməyə də dəyməz». Paul xəbərdarlıq edir: "Onları incitməyin, onları qəzəbləndirməyin".

Kömək üçün yanıma gələn ciddi emosional problemli bəzi adamla məşğul olmuşam. Əksər hallarda onların özünü dəyərsiz, uğursuz, məyus hiss etmək kimi mənfi münasibətləri uşaqlıqda tənqid, alçaldılma, danlanma kimi pis rəftarın nəticəsi olub. Belə rəftar uşağın ürəyini yaralayır və belə yara iyirmi, otuz il sağalmır. Atalar bir tərəfdən intizamı saxlamalı, digər tərəfdən isə ədalətsiz və ya həddən artıq tələb ilə övladını məyus etməməli və incitməməlidir.

Ailəsi qarşısında öz öhdəliklərini yerinə yetirmək üçün ata öz övladları ilə müntəzəm, davam edən ünsiyyətə ehtiyacı unutmamalıdır. Əgər o, ünsiyyət etməsə, öz öhdəliklərini yerinə yetirə bilməyəcək. Ata və övlad arasında ünsiyyət adətən qeyri-dini mühitdə çox təsirli olur. Əgər övlad atasının verdiyi təlimatı sərt, rəsmi və dini bir mövzu ilə əlaqələndirirsə, axırda onlar həm dinə, həm də təlimata qarşı çıxmağa meyilli olurlar. Mən problemləri belə vəziyyətdə başlayan bir çox adamı yadıma salıram.

Uşaqlarla ünsiyyətdə olarkən onlara söyləmək deyil, onların sizə söyləməsinə imkan vermək çox mühümdür. Öz bildiyini edən və ya qəbahət etmiş uşaqlarla çalışan əksər adamlar razılaşır ki, onların hamısının bir ümumi şikayəti var: «Valideynlərimiz bizə heç vaxt qulaq asmırlar». Beləliklə, siz dinləməyi öyrənməlisiniz. Qoyun övladınız danışsın, özünü ifadə etsin, öz dərdi ilə yanınıza gəlsin və onunla həddindən artıq dindar kimi danışmayın.

Bu prinsip Musanın İsraillilərə verdiyi Qanunda övladın tərbiyəsinə aid aydın və təcrübi təlimatlarda qeyd olunur:

"Buna görə də mənim bu sözlərimi ürəyinizdə

və ağlınızda saxlayın, qolunuza bir nişan kimi, gözlərinizin arasına alın bağı kimi bağlayın, övladlarınıza öyrədin. Evinizdə oturanda, yol gedəndə, yatanda, duranda bunlar barədə danışın. Onları evlərinizin qapı çərçivələrinə və darvazalarına yazın. Belə etsəniz, Rəbbin atalarınıza vəd etdiyi torpaqlarda sizin də, övladlarınızın da ömrü uzun olar və göy yer üzərində durduqca orada yaşayarsınız"

(Qanunun Təkrarı 11:18-21).

Allah burada Öz adamlarının ailələrinin necə olmasını təsvir edir. Müasir ailələrə baxıb öz-özümə dedim: «Millətimizdə bu gün Allahın Padşahlığı neçə ailədə hökm sürür?" Səmimi deyərdim ki, çox az ailədə.

Əsas səbəb odur ki, atalar Musanın dediyini etmədilər. Musa dedi: "Allahın Kəlamını, imanın həqiqətlərini övladlarınıza öyrədin. Evinizdə oturanda, yol gedəndə, yatanda, duranda bunlar barədə danışın». Başqa sözlə desək, Allahın Kəlamı ailə həyatınızın mərkəzi mövzusu olmalıdır. Müqəddəs Kitabın təlimini Dua Evi üçün saxlamayın. Qoyun Allahın Kəlamı gündəlik həyatınızda və ailənizdəki ünsiyyətinizdə təbii olsun. İmkan verin ki, bu, təbii və təcrübi olsun. İmkan verin ki, övladlarınız həyati vəziyyətlərdə Kəlamın tətbiqini görsünlər.

Mən Veyton Kollecinin keçmiş prezidenti mərhum

doktor V. Raymond Edman şahid ifadəsinə istinad etmək istəyərdim: «Bir daha övladlarımı böyütmək imkanım olsaydı, onlarla qeyri-dini şəraitdə daha çox vaxt sərf edərdim». Mən buna "Amin» deməliyəm. Əgər övladlarımla keçirdiyim günləri bir daha yaşaya bilsəydim, mən bunu edərdim. Doktor Edman gördü ki, böyümüş övladları ən çox sərbəst vaxtlarda birlikdə etdiklərini yadda saxladılar.

Övlad ilə yaxşı ünsiyyət beş dəqiqəyə nail olunmur. Çox vaxt ən vacib sözləri övladınız ən gözləmədiyiniz, təsadüfi və ya etinasız tərzdə deyir. Məsələn, balıq tutanda, bağçada işləyəndə, qazon biçəndə, qarajı təmizləyəndə və ya avtomobili təmir edəndə. Məhz belə şəraitdə övladlar valideynlə söhbət etməyə başlayır. Bu ünsiyyət vaxtı ata Allahın Kəlamının dərin həqiqətlərini öz övladına ötürməyi bacarmalıdır. «Ailənin dua vaxtı» bunu avtomatik etməyəcək. Qalan vaxtın ailədə necə keçməsindən çox şey asılıdır.

5

ATA BİR PADŞAH KİMİ

Padşahın vəzifəsi, əlbəttə, idarə etməkdir. Bu, atanın evdə üçüncü xidmət növüdür.

Atanın işi Allahı təmsil edərək öz evini idarə etməkdir.

Timoteyə Birinci Məktubda Paul Allah adamlarına rəhbərlik etmək istəyən adamın xüsusiyyətlərini təsvir edir. Bu xüsusiyyətlərdən ən vacibi onun evindəki vəziyyətidir. Bu adam öz evində necədir? Paul 1 Timoteyə 3:4-5-də deyir:

"Öz evini yaxşı idarə etməli, tam bir ləyaqətlə uşaqlarını öz tabeliyində saxlamalıdır. Öz şəxsi evini idarə edə bilməyən Allahın cəmiyyətinin qayğısına necə qala bilər?"

Kişi öz evini idarə etməlidir. Onun səlahiyyəti olmalıdır, uşaqları ona hörmət etməli, ona itaətkar olmalı və onun nəzarəti altında olmalıdırlar. Əgər kişi buna öz evində nail ola bilmirsə, Paul deyir ki, Allahın cəmiyyətində də başçı ola bilməz. Kəlamda istifadə edilən Yunan dilində «idarə etmək» sözünün hərfi tərcüməsi «qarşıda dayanmaq» və ya «başda dayanmaq»dır. Bunun bir neçə mənası var. Bunu başa düşə bilməyiniz üçün sadə şəkildə izah edəcəyəm: idarə etmək, rəhbərlik etmək, başda durmaq, qorumaq, dayanmaq, idarə etmək. Əsasən, bu söz göstərir ki, ata öz evinin başıdır, qarşıda dayanır, nümunə göstərir, ailəsi ilə təhlükələrin və həyatın təzyiqləri arasında dayanır. Bu göstərir ki, o, kişidir. Bunu etmək üçün onda bütün potensial var. O, mərddir. Kişi və ata olmaq üçün onda mərdlik var.

Paul davam edir və deyir ki, imanlıların cəmiyyətində rəhbər olmaq üçün onun öz evində müvəffəqiyyətli rəhbər olması zəruridir. Bunun üçün əsaslı səbəb var: onun evi kiçik, mikro və ya rüşeym olsa da, imanlılar cəmiyyətidir.

İmanlılar cəmiyyətində üç əsas element var: pastor və ya çoban; dyakon və ya köməkçi; cəmiyyət və ya bir dəstə adam. Bunlar evdə olan üç əsas elementə müvafiqdir. Ata evdə pastorun məsuliyyətlərini daşıyır. Arvadı, Müqəddəs Kitaba müvafiq olaraq, köməkçidir, dyakon olaraq ərinə kömək etmək üçün yaradılmışdı. Övladlar cəmiyyət və ya adamlardır. Allah Əhdi-Cədid imanlılar cəmiyyətini təşkil edən bütün əsasları ailədə birləşdirmişdir. Allah ailə başçısına deyir: «Sən evindəki kiçik imanlılar cəmiyyətində müvəffəq ol, Mən onu sənə etibar etmişəm. Sonra imanlılar cəmiyyətində vəzifədə irəliləmək üçün hazır olacaqsan".

Həmçinin icazə verin öz müşahidə və təcrübəmdən də bölüşüm: siz adamlardan böyük imanlılar cəmiyyətini təşkil edə bilərsiniz, ancaq onu təşkil edən ailələr möhkəm deyilsə, cəmiyyət də möhkəm olmayacaq. Əgər ailələrdə nizam yoxdursa, imanlılar cəmiyyətində də nizam ola bilməz.

Öz evində padşah və idarə etmək məsuliyyətini yerinə yetirən, ailəsi tərəfindən qəbul edilən ata kimi, İbrahim barədə danışmaq istərdim. İbrahim haqqında Kəlamda çox əhəmiyyətli bir hissə Yaradılış 18-də yerləşir. Burada Rəbb İbrahimi bəşəriyyətə xilas gətirəcək yeni millətin başçısı olmaq üçün seçməsinin səbəbini göstərir.

Bilmirəm, bəlkə siz də nə vaxtsa Allahın nə üçün İbrahimi seçdiyi haqda düşünmüsünüz. Şübhəsiz, İbrahimin dövründə yer üzündə yaşayan yüz minlərlə müasiri var idi. Bu yüz minlərlə adamın içindən Allah bir kişini seçdi. Allahın İbrahimi seçməyinin səbəbi sirdirmi? Xeyr, bu sirr deyil. Çünki Allah Özü bizə bu yeni xalqın başçısı olmaq üçün İbrahimi seçdiyinin səbəbini deyir; bütün başqa xalqların xilası bu yeni millətdən asılı olacaqdı.

«O vaxt Rəbb dedi: "Mən edəcəyim şeyi İbrahimdən gizlədəcəyəmmi? Həqiqətən, İbrahimdən böyük və güclü bir millət törəyəcək, onun vasitəsilə yer

üzünün bütün millətləri xeyir-dua alacaq. Çünki Mən onu seçdim ki, oğullarına və özündən sonrakı nəslinə saleh və ədalətli işlər görmək üçün Rəbbin yolu ilə getməyi tapşırsın. Rəbb də İbrahim barədə dediyi sözü yerinə yetirsin"»

Yaradılış 18:17-19.

Əvvəlcə, gəlin "İbrahim" adının mənasına baxaq. Əvvəlcə, onun adı İbram – «təriflənən ata» idi. Sonra Allah Onunla əhd bağladı, ona xeyir-dua verdi və ona saysız qədər nəsil vəd verdi; Allah onun adını dəyişib İbrahim – «çoxların atası» etdi. Ancaq siz onun adının hər iki formasında görəcəksiniz ki, o, ilk növbədə, atadır. Bu, çox əhəmiyyətlidir. Allah İbrahimi ata olduğuna görə seçdi.

İkincisi, atalıq vəzifələri yerinə yetirildikdə qüdrətli millət yaranır. Allah dedi: «İbrahimdən böyük və güclü bir millət törəyəcək». Nə üçün? Ona görə ki, o, ata kimi öz öhdəliklərini yerinə yetirəcək bir adam idi.

Allahın İbrahimi seçməsinin üçüncü səbəbini O, Özü deyir: «Mən onu tanıyıram; o, öz övladlarına və öz evinin əhlinə əmr edəcək və onlar ədalətlə hökm edərək Rəbbin yolu ilə gedəcəklər ki, Rəbb İbrahimə vəd etdiyi xeyir-duaları verə bilsin». Allah İbrahimdə hansı xüsusiyyəti görüb onu seçdi? O gördü ki, İbrahim öz övladlarına və öz evinin əhlinə Rəbbin yolunu qoruyub-saxlamağı əmr edəcək. Allah İbrahimə güvənə bildi ki, o, öz ailəsinin başçısı olaraq öz vəzifələrini yerinə yetirəcək.

«Əmr» çox güclü sözdür. Bu, demək olar ki, hərbi sözdür. Bəzi analar və ya arvadlar sual verə bilərlər: «Siz diktator olmaq barədə danışırsınız?" Xeyr, mən əsl kişi olan, öz mövqeyini və məsuliyyətini bilən adam haqqında danışıram. Bəzi vəziyyətlər olur ki, Allaha tabe olan kişi öz evinin əhlinə əmr etmək üçün məsuliyyət daşıyır. O, bu sözləri demək üçün məsuliyyət daşıyır: «Allaha məqbul həyat yaşamaq və Onun xeyir-duasını almaq üçün bizim evimizdə bunu belə edəcəyik. Biz bunu etməyəcək, onu isə edəcəyik». Ata öz evinin əhli üçün əsas qaydaları müəyyən etmək hüququna malikdir: onlar birlikdə saat neçədə yeyəcəklər, ən balaca övlad saat neçədə evdə olmalıdır, hansı əyləncə növünə icazə verilir, televizorun qarşısında nə qədər vaxt keçirmək, hansı proqramlara baxmaq olar və s. Ata bu barədə öz ailəsinə əmr etmək şərəfinə deyil, öhdəliyə malikdir. Allah dedi: «Vəd etdiyim bütün xeyir-duanı İbrahimə verəcəyəm, çünki o, Mənim üçün bunları edəcək və Mən ona etibar edirəm».

Dördüncüsü, Müqəddəs Kitabın qalan hissəsinin axırına kimi, İbrahim bütün sonra yaşayan imanlılar üçün nümunə gətirilir. Əslində, Əhdi-Cədid deyir ki, biz hamımız imanla İbrahimin övladlarıyıq və atamız İbrahimin iman yolu ilə getməliyik. İbrahimin iman yolu ilə getmək evlərimizdə İbrahim kimi davranmağımız deməkdir.

Bu bölmənin sonunda sizə fərqi göstərmək istə-yirəm. İbrahim ilə uzun yol gedən, İbrahimin bildik-lərindən xəbərdar olan, İbrahimin Allah üçün etdik-lərini görən başqa bir adam da var idi. Onun adı Lut idi. Ancaq İbrahim və Lut üçün ayrılıq vaxtı gəldi, çünki onların çoxsaylı sürüləri və çobanları daha bir-likdə qala bilmirdilər.

İbrahim alicənablıqla Luta dedi: "Gedəcəyin yolu özün seç, mən isə əks istiqamətdə gedəcəyəm». Lut günah ilə dolu Sodom şəhərinə tərəf getməyi seçdi. Daha sonra biz Lut və onun ailəsi haqqında Sodomun üzərinə gələn Allahın hökmü barədə yazılan hissədə oxuyuruq. Lut kürəkənlərini və ev əhlinin əksəriyyə-tini şəhərdən çıxarmağa ümidsiz halda cəhd etdi və müvəffəqiyyətsizliyə uğradı. O, özü qaçdı və Sodo-mun közərən xarabalıqlarına baxanda öz ev əhlinin çoxunun şəhərdə məhv olduğu barədə fikirləşdi; bu şəhərə onları gətirdiyinə görə məsuliyyət daşıdığını xatırladı.

Atalar, siz övladlarınızı Sodoma apara bilərsiniz, ancaq ola bilsin ki, onları oradan çıxara bilməyəcək-siniz. Ata olan Lutun çiyinlərində dəhşətli məsuliyyət var idi. O, övladlarını günahın və nəticədə ölümün olduğu yerə apardı, lakin onları oradan çıxara bilmə-di.

6

ATALAR FƏRSİZ OLANDA

Təsəvvür edin ki, ata fərsizdir. Onda onun ailəsi ilə nə baş verir?

Yaxud güman edin ki, millətin atası fərsizdir. Onda o, millətlə nə baş verir? Allah İbrahimin ata vəzifələrini yerinə yetirəcəyini bilirdi, buna görə də Allah ona nəslindən yaranacaq böyük və qüdrətli millət vəd etdi. Bəs millət ataları öz vəzifələrini yerinə yetirmədiyi halda nə baş verir?

Qanunun Təkrarı 28-də Musa iki şeyi – birincisi, Allahın adamları Ona itaət edirlərsə, onların üzərinə gələn xeyir-duaları; ikincisi, Ona itaətsizlik edirlərsə, onların üzərinə gələn lənəti sadalayır. İlk on dörd ayə xeyir-dua barədədir. Fəslin 15-dən 68-dək qalan ayələri isə, Allahın yolunu getməməyin və Allahın Qanununa riayət etməməyin nəticəsində gələn lənətləri sadalayır.

Siyahıya daxil edilən bir çox diqqətəlayiq lənət var, ancaq mən yalnız birini göstərmək istəyirəm. Qanunun Təkrarı 28:41-də Musa deyir:

"Oğullarınız, qızlarınız olacaq, lakin yanınızda
qalmayacaq, çünki əsir düşəcəklər".

Musa sözləri kişi cinsində istifadə edir. Başqa sözlə
desək, hər şeydən əvvəl atalara müraciət edir. Həm-
çinin, «oğullarınız, qızlarınız olacaq» ifadəsi övladla-
rı dünyaya gətirən valideynlərdən məhz ataya deyi-
lir. Belə deyir: «Oğullarınız, qızlarınız olacaq, lakin
yanınızda qalmayacaq». Bir gün mənə bu açılanda
dəhşətə gəldim: övladlarımızın yanımızda qalmama-
ğı lənətdir. Özümə sual verməyə başladım: "Bu gün
neçə valideynin yanında övladları qalır?»

Çoxlu övladı və böyük ailəsi olan bir pastor dos-
tum yadıma düşdü. Bir dəfə o belə dua edirdi: "Rəbb,
yadda saxlamağa bizə kömək et ki, övladlar yük deyil,
xeyir-duadır». Ancaq necə oldusa, onun güclü inam
ilə dua etmədiyini hiss etdim. Məncə, valideynlərin
əksəriyyəti öz övladlarından zövq almırlar. Niyə? Sə-
bəb nədir? Səbəb itaətsizliyə görə lənətdir. Allah kişi
və qadınlara övladları ən böyük xeyir-dua olaraq ver-
di. Atalar, analar və xüsusilə də atalar, Rəbbin yolu
ilə getməyəndə, övladlar artıq xeyir-dua olmur. Musa
İsrailin atalarını xəbərdar edir ki, əgər onlar Allahın
yolundan dönsələr, övladlarınız "yanınızda qalmaya-
caq, çünki əsir düşəcəklər».

Son iyirmi il ərzində biz milyonlarla övladın şey-
tanın müxtəlif növ həbsinə düşdüyünü görmüşük:

narkotik, nikahdan kənar seks, okkultizm, kultlar. Bu, əsl əsirlikdir, sanki yad ordu ölkəyə təcavüz edir və adamları əsir aparır. Milyonlarla övlad niyə əsir oldu? Cavab Müqəddəs Kitabda verilir: çünki onların ataları öz öhdəliklərini yerinə yetirmədi. Müasir cəmiyyətdə belə işlərə görə əsas məsuliyyət ilk növbədə ataların üzərindədir.

Biz gənc cinayətkarlar haqqında çox eşidirik. Yetkin yaşlı cinayətkar olmasa, çətin ki, gənc cinayətkar olsun. Yetkin yaşlı cinayətkarlar gənc cinayətkarları yaradır.

Əvvəllər qeyd etmişdim ki, atanın öz ailəsi qarşısında öhdəliklərindən biri kahinlikdir. Malaki 2:7-də kahindən tələb olunanları Rəbb sadalayır:

"Kahinin ağzı biliyi qorumalı, insanlar onun dilində nəsihət axtarmalıdır. Çünki o, Ordular Rəbbinin elçisidir".

Rəbbin Qanununu bilmək və onu adamlara izah etmək kahinin məsuliyyətidir. Beləliklə, kahin xalqa göndərilən Rəbbin elçisi və ya daha yaxşı desək, «nümayəndəsidir». Bu, kahin olan ataya aiddir. Onun ağzı biliyi qorumalıdır. Onun övladları və bütün ailəsi onun ağzında Rəbb Allahı axtarmalıdır. Ata ailəsi üçün Allahın nümayəndəsi olmalıdır.

Bəs, kahinlər bu məsuliyyəti yerinə yetirməyəndə nə baş verir? Huşə 4:6-da kahinlər məsuliyyətsiz olduqda Allahın ailəyə, millətə və ya mədəniyyətə edəcəyini bəyan edir:

> *"Xalqım biliksizlikdən məhv oldu. Sən biliyi rədd etdiyin üçün Mən də səni rədd edəcəyəm ki, bir daha Mənə kahinlik etməyəsən. İndi ki öz Allahının qanununu unutdun, Mən də sənin balalarını unudacağam".*

Bu, atalara ünvanlanmış çox güclü sözdür. Allah deyir: "Öz ailənin kahini olacağını gözləyirdim. Ancaq ailənin ehtiyac duyduğu biliyi rədd etdiyinə görə Mən də səni rədd edəcəyəm. Daha səni kahin kimi qəbul etməyəcəyəm. Övladlarının adından sənin kahin xidmətin daha Mənə məqbul olmayandan sonra Mən həmçinin sənin övladlarını da unudacağam».

Bu, dəhşətlidir! Allah biz valideynlərə deyir: «Öz məsuliyyətini o qədər pis yerinə yetirirsən ki, övladlarını unudacağam. Onlara Mənim üçün boş yer kimi olacaqlar. Mən onları köçürtməyə hazırlaşıram. Onlar Mənim qarşımda daha əhəmiyyət kəsb etmirlər». Mən deyərdim ki, bizim millətimiz, bizim mədəniyyətimiz Allah tərəfindən unudulmuş övladlarla doludur. Niyə? Çünki onların ataları Rəbbin Qanununun yolu ilə getmədilər.

Bunu başqa sözlə də demək istəyirəm: Allahın Qanununun biliyini rədd edən ata öz ailəsində kahin olmaq hüququnu itirir. Ata kahin xidmətini yerinə yetirməyəndə Allah deyir: "Övladlarını unudacağam». Bu, çox, çox vacib məsələdir.

Nəticədə, Əhdi-Ətiqdən sonuncu iki ayəyə istinad etmək istəyirəm. Mən bilmirəm, siz Əhdi-Ətiqin sonuncu ayəsinin «lənət» olduğuna fikir vermisiniz, ya yox.

Bu, çox mühümdür: Əhdi-Ətiqdən sonra Allahın kişiyə deməyə daha sözü qalmasaydı, Onun axırıncı sözü "lənət" olardı. Lənətdən çıxışı göstərən Əhdi-Cədidə görə şükürlər olsun.

Malaki Kitabının axırıncı iki ayəsində Allahın deyir:

"Rəbbin böyük və dəhşətli günü gəlməzdən qabaq İlyas peyğəmbəri sizin yanınıza göndərəcəyəm. O, ataların ürəklərini oğullarına, oğullarının ürəklərini isə atalarına tərəf döndərəcək ki, daha Mən gəlib ölkəni lənətləyib məhv etməyim"

(Malaki 4:5-6).

Peyğəmbərin vəhyi qavrama gücü nə qədər də böyükdür! İki min ildən də xeyli əvvəl Malaki müasir dövrümüzün kəskin sosial problemini əvvəlcədən görə bildi. Bu problem nədən ibarətdir? Pozulmuş nikahlar, dağılmış ailələr. Ata ilə övladların pozulmuş münasibətləri. Üsyankar övladlar, etinasız atalar. Peyğəmbər bizi xəbərdar edir: bu vəziyyət dəyişməsə ailəyə, millətə və ya bütün mədəniyyətə lənət gələcək. Allahın Kəlamı bugünkü vəziyyətimizdə bizə yeganə mümkün olan iki qərardan birini seçmək məcburiyyəti qarşısında qoyur.

Biz ailə münasibətlərini bərpa edib sağ qala bilə-rik, yaxud ailə münasibətlərinə ötən onilliklər ərzin-də olduğu kimi davam edərək daha da pisləşdirməyə imkan verə bilərik. Əgər biz bunu etsək, Allahın lənə-tinin altında məhv olacağıq. Bunlar yeganə mümkün olan iki qərardan birini seçmə məcburiyyətidir.

Çox əhəmiyyətlisi odur ki, tale atalar tərəfindən müəyyən edilir. Ataları məsul edən Allahdır. Allah İbrahimə Öz ürəyincə ata olacağına etibar edə bildi. Allah dedi: "İbrahimdən böyük və qüdrətli millət olacaq". Ancaq bunun əksi də doğrudur. Atalar fərsiz olanda, öz öhdəliklərini yerinə yetirməyəndə, millət daha çiçəklənə bilməz. Məncə, bu gün millətimizin böhran vəziyyəti məhz bundan ibarətdir. Allaha tərəf dönən, ailələri qarşısında öz öhdəliklərini üzərlərinə götürən atalar olacaqmı? Yoxsa ailədə yaranan və ailəni dağıdan cəmiyyətimizin bugünkü mənəvi və sosial pozuntusu davam edəcək və nəticədə gətirib lənətə çıxaracaq?

Bu, millətin taleyini müəyyən edən ataların qəra-rıdır. Allah atalardan övladlara tərəf dönməyi tələb edir. Sonra O, övladların atalarına tərəf qayıdacağını vəd edir.

MÜƏLLİF HAQQINDA

Derek Prins (1915-2003) Hindistanda britaniya-lı ailədə doğuldu. O, İngiltərədə Eton Kollecində və Kembricin King's Kollecində yunan və latın dilləri üzrə təhsil alıb alim oldu; King's Kollecində Qədim və Müasir Fəlsəfə üzrə dərnəyə rəhbərlik edirdi. Prins Kembricdə və Yerusəlimdə İbrani Universitetində İbrani, Arami, həmçinin müasir dilləri öyrənib. Tələbə ikən o, filosof olub və özünü aqnostik elan edib.

II Dünya müharibəsi ərzində Britaniya Tibb Korporasiyalarında olarkən Prins fəlsəfi iş kimi Müqəddəs Kitabı oxumağa başladı. İsa Məsihlə möhtəşəm görüşü nəticəsində imana gəldi, bir neçə gün sonra Müqəddəs Ruhla vəftiz olundu. Bu görüşdən o, iki nəticə çıxartdı: İsa Məsih sağdır və Müqəddəs Kitab həqiqi, bizə aid müasir kitabdır. Bu nəticələr onun həyatının gedişini tam dəvişdi. O, sonrakı həyatını Allahın Kəlamı olan Müqəddəs Kitabı öyrənməyə və öyrətməyə həsr etdi.

1945-ci ildə Yerusəlimdə ordudan tərxis olunandan sonra o, oradakı uşaq evinin banisi olan Lidiya Kristenslə evləndi. Evlənən kimi o, Lidiyanın övladlığa götürdüyü altı Yəhudi, bir Fələstin ərəbi və bir ingilis uşaqlarının – səkkiz qızın atası oldu. Birlikdə ikən, ailə 1948-ci ildə İsrail dövlətinin bərpa olunmasına şahid oldular. 1950-ci illərin sonunda Prins Keniyada pedaqoji məktəbin rəhbəri vəzifəsində xidmət edərkən ailə daha bir qızı övladlığa götürdü.

1963-cü ildə Prins Birləşmiş Ştatlara köçdü və Sietlda bir kilsədə pastorluq etdi. 1973-cü ildə Prins "Amerika Vəsatətçiləri"nin banilərindən biri oldu. Onun *"Dua və oruc vasitəsilə tarixi dəyişmək"* kitabı bütün dünya məsihçilərini öz hökumətləri üçün dua etmək məsuliyyətinə oyatmışdır. Bir çoxları bu kitabın gizli tərcümələrini SSRİ-də, Şərqi Almaniyada və Çexoslovakiyada kommunist rejimini dağıdan alət hesab edir.

Lidiya Prins 1975-ci ildə vəfat etdi, 1978-ci ildə Prins üç uşağı övladlığa götürmüş tənha ana Ruz Beykerlə evləndi. Birinci həyat yoldaşı kimi, ikinci həyat yoldaşı ilə də o, Yerusəlimdə Rəbbə xidmət edərkən görüşdü. Ruz 1981-ci ildən yaşadıqları Yerusəlim şəhərində 1998-ci ilin dekabr ayında vəfat etdi.

2003-cü ildə səksən səkkiz yaşında vəfat etməzdən bir neçə il əvvəl Prins Allahın ona etibar etdiyi xidməti inadla davam edərək dünyaya səyahət etdi, Allahın açıqladığı həqiqətlərlə bölüşdü, xəstə və əzab çəkənlər üçün dua etdi, Müqəddəs Kitaba əsaslanan

peyğəmbərliklərlə dünyada baş verən hadisələrlə bö-
lüşdü. Beynəlxalq səviyyədə Müqəddəs Kitab alimi,
ruhani patriarx kimi tanınan Derek altmış ildən çox
altı qitəni əhatə edən təlim xidmətini qurdu. O, əlli-
dən çox kitabın, altı yüz audio dərsliyin və yüz video
dərsliyin müəllifidir; bunların çoxu yüzdən çox dilə
tərcümə olunaraq nəşr edilmişdir. O, nəsilliklə lənət,
Müqəddəs Kitabda İsrailin əhəmiyyəti və demono-
logiya kimi belə innovasiya mövzularının tədrisində
aparıcılıq edib.

1979-cu ildə başlamış Prinsin radio verilişi təx-
minən iyirmi dilə tərcümə edilmişdir və həyatlara
toxunmağa davam edir. Aydın və sadə yolla Müqəd-
dəs Kitabı və onun təlimlərini izah etməkdən ibarət
olan Derekin əsas ənamı milyonlarla insanlara iman
təməlini qurmağa kömək etmişdir. Məzhəb və tə-
riqətdən üstün olan yanaşması onun təlimini bütün
irq və dindən olan adamlar üçün həm münasib, həm
də faydalı etmişdir; yer kürəsi əhalisinin yarısından
çoxu onun təlimi ilə tanışdır.

O, 2002-ci ildə dedi: «Arzu edirəm və əminəm,
Rəbb də bunu arzu edir, bu Xidmət, Allahın altmış il
əvvəl mənim vasitəmlə başladığı iş İsanın qayıdacağı
günə qədər davam etsin».

Derek Prins Xidməti əsasən Avstraliya, Kanada,
Çin, Fransa, Almaniya, Niderland, Yeni Zelandiya,
Norveç, Rusiya, Cənubi Afrika, İsveçrə, Birləşmiş Pa-
dşahlıq və Birləşmiş Ştatlar kimi ölkələrdə və ümu-

miyyətlə, dünyada fəaliyyət göstərən qırx beşdən çox Derek Prins ofisi vasitəsilə Prinsin təlimlərini yayma-ğa, missionerləri, imanlı cəmiyyət liderlərini və cə-miyyətləri öyrətməyə davam edir. Bu və beynəlxalq ofislər barədə məlumatı www.derekprince.com say-tında əldə edə bilərsiniz.

www.ingramcontent.com/pod-product-compliance
Lightning Source LLC
Chambersburg PA
CBHW060628030426
42337CB00018B/3261